Uncovered Notes

Uncovered Books
by Verena Schiegl

AF219697

# UNCOVERED
*Notes*

UNCOVERED
BOOKS

Bibliografische Informationen der Deutschen Nationalbibliothek:
Die Deutsche Nationalbibliothek verzeichnet diese Publikation in
der Deutschen Nationalbibliografie, detaillierte bibliografische
Daten sind im Internet über dnb.de abrufbar.

Copyright © 2021 UncoveredBooks
Herstellung und Verlag: BoD - Books on Demand, Norderstedt

Umschlaggestaltung und Buchsatz:
Dena Taherianfar (DenaDesigns)

1. Auflage 2021
uncovered books, Verena Schiegl, 3550 Langenlois, Österreich

ISBN 978-3-755-74244-9

Und was danach?

*Leben*
oder
*Sterben?*

Seelenfluch

A. M. Green

In jener *Nacht* lernte ich, wie laut die *Stille* doch war.

Die Unendlichkeit deiner Worte

*Verena Schiegl*

»Leere *Worte*.
Bedeutungslose Buchstabenfolgen.
Als würde mein
*Versprechen*
etwas bringen.«

Falling Snow - Ironie des Schicksals
*Dena Taherianfar*

*Sïmona.*

Es bedeutet in der
Ursprache unseres Volkes:
Welt der

*Frieden.*

Sïmona - Zwischen Krieg und Frieden

*Angelika Siebel*

Nenne es Schicksal,
nenne es *Zufall,*
aber ich bin der
Meinung, dass wir nur ein
Dominostein in einem riesigen
Gebilde sind. Und wenn die
Steine um uns herum fallen,
*fallen* wir auch.

Free - Dein Leben gehört dir?
Ella Welsh

»*Autsch,* tat das weh?«
»Kommt drauf an. Willst du *pusten* oder draufhauen?«

Der Ring der Dämonen - Wie Blut so schwarz
*Aurelia von Waffenhammertal*

»Das ist nicht *Amor*. der Zeitpunkt, um zu flirten,«
»Es ist immer der perfekte Zeitpunkt, um zu flirten, Babe. Schließlich bin ich der Gott der *Liebe*.«

Der Wille der Göttinnen

»Eine *Brücke* also.
Und wohin führt sie?«
»In meine Welt. Nach
*Mythalia*.«

Mythalia - Zwischen zwei Welten
Corinna Berz

*Wir* verwandelten
uns in Energie. Pure
*Energie.*

Anker der Erinnerung

*Hanna Mira Nottorf*

Sternstaub bedeckt
den Boden.
Der *Himmel*
durchbohrt -
Der *Stern*
gefallen.

Einsame Zeilen - Opus: Poesie

*Dena Taharianfar*

»Kennst du das *Wunderland?*«
»Ja?« »Was wäre, wenn
*alles,* was du darüber weißt, eine
*Lüge* ist?«

Don't Follow the Rabbit

*Jess J. S.*

»Du bist mein beschissener *Magnet*.«
»Das ist ein seltsames Kompliment.«
»Es sollte auch kein *Kompliment* sein.«

Verdammt hell hier mit dir - Nachtlicht

*Kathrin Waiz*

»Ich habe ihm gesagt, schillernde Persönlichkeiten wie er, die kein Rückgrat besitzen, werden niemals mein Gemahl.«

Yukina - Im Bann des Zauberspiegels

Kerstin G. Rush

»Ich war nicht sicher. Ich war es nie gewesen. Das hier war mein Tod, mein sicherer Tod.«

Bss. Bss. Bss.«

Wahnsinn in Weiß
*Rieke Clausen*

So ist es immer.
Das *Licht* versucht, die *Finsternis* zu durchdringen und auszulöschen.

In den Farben der Finsterniss - Blutrot

*Steffi Frei*